Wolfgang M. Ullmann

Bilder schweigen nicht

Über das Buch:

Wir leben in einer Welt, in der wir täglich mit Bildern konfrontiert werden, die in ihrer Kurzlebigkeit an uns vorbeiziehen, um in der Vergessenheit abgelegt zu werden.

Doch viele von diesen Bildern sind zu wertvoll, als dass man sie allzu schnell beiseite legen sollte, denn sie schweigen nicht. Sie beherbergen Geschichten, die nicht auf den ersten Blick erzählt werden können. Jedes Bild besitzt eine oder mehrere von ihnen und wird für seinen Betrachter individuell reizvoll und aufbewahrenswert.

Der Autor wünscht Ihnen mit diesem Buch eine Fülle von Gedanken und Geschichten, die Ihnen auf diesen Seiten in den Fotografien begegnen werden, sowie die Zeit, ihnen zuzuhören und in ihnen neue Perspektiven erfahren zu können.

Über den Autor:

 Wolfgang M. Ullmann lebt und arbeitet im süddeutschen Raum. Im späten Jugendalter entdeckte er seine Liebe zur Lyrik und widmete sich den unterschiedlichen Stil- und Ausdrucksformen. Inspiriert durch die Bildhaftigkeit und die Wirkung der deutschen Sprache, die er mit seinen Fotografien verstärkt, nimmt er diese Begeisterung auch in die Prosa mit hinein. Seine berufliche Tätigkeit neben dem Schreiben lässt ihn mit den psychologischen und soziologischen Phänomenen von Menschen in starke Berührung kommen, um menschliches Bestreben zu erfassen und nach dem jeweiligen „Wahren und Sinnhaften" zu forschen.

Wolfgang M. Ullmann

Bilder schweigen nicht

Fotografien und ihre Geschichten

Books on Demand GmbH, Norderstedt

© 2012 Wolfgang M. Ullmann

Copyright Titelfoto & alle übrigen Fotografien Wolfgang M. Ullmann

1. Auflage © 2006

Herstellung und Verlag: Books on Demand GmbH, Norderstedt

Bibliographische Information der Deutschen Nationalbibliothek

Die Deutsche Nationalbibliothek verzeichnet diese Publikation in der Deutschen Nationalbibliografie; detaillierte bibliographische Daten sind im Internet über http//dnb.d-nb.de abrufbar.

ISBN: 978-3-8370-2808-9

Vorwort

Fotografien begleiten uns ein Leben lang. Sie erzählen Geschichten aus der Vergangenheit, die wir eventuell selbst erlebt haben oder die von anderen Personen weiterberichtet worden sind. Auf den ersten Blick spiegeln sie einen punktuellen Augenblick wider. Doch bei längerer Betrachtung erkennt man, dass mit dem Moment eine oder auch eine Vielzahl von Geschichten, Erinnerungen und Gedanken verbunden sind.

Bilder strömen in einer wahren Flut in der heutigen medialen Zeit auf uns ein. Ist es daher nicht nachvollziehbar, Bilder und Fotografien nur noch flüchtig wahrzunehmen und die Eindrücke dann so schnell wie möglich wieder in Vergessenheit zu bringen?

Vielleicht verweilt man bei einem besonders schönen Bild länger und genießt die Bildkomposition und die Darstellung, da man denkt, dieses Bild oder diese Fotografie hat es verdient, entsprechend gewürdigt zu werden. In der Tat sind es aber die meisten Bilder wert, mit wohlwollenden Augen betrachtet zu werden, vor allem auch jene, die man nicht selbst aufgenommen und erlebt hat.

Ich möchte Sie auf den folgenden Seiten mit auf die Reise nehmen. Lassen Sie sich ein wenig Zeit beim Betrachten der Bilder und beim Lesen der einzelnen Geschichten. Diese kurzen Gedanken bieten zwar eine Möglichkeit, das jeweilige Bild zu verstehen, aber diese erheben bestimmt keinen absoluten Anspruch.

Wenn Sie mögen, schauen Sie in die Bilder hinein und lassen Sie deren Inhalt auf sich wirken. Sie werden verwundert sein, was Ihnen die einzelnen Fotografien zu sagen haben. In diesem Sinne wünsche ich Ihnen eine schöne Zeit mit diesem Buch.

Ihr Wolfgang M. Ullmann

Zahlreich

Die Menge lässt den einzelnen verblassen.

Sie nimmt ihm seinen Glanz,

die Schärfe geht verloren.

Doch hebt sie stets Besonderes hervor und tritt

sodann zurück – bewundernd hinter ihn.

Mittelmaß jedoch sinkt ab in eine

undurchdringbar raue Tiefe –

erdrückt und ohne eine Chance.

Arc de Triomphe

Zahlreichen Schlachten ist er gewidmet,

ruhmhafte Radrennfahrer drehen

Jahr für Jahr ihre Runden an ihm vorüber

und aus der Ferne betrachtet,

zentriert er einen

mächtigen Verkehrsstrom auf sich.

Welch ein Triumph ...

Im Hafen

Der Morgen ist in die Zeit gekommen
und der nächtliche Fang liegt schon längst auf Eis.
Der Kutter ist vertäut und die Netze
werden präpariert, damit sie für die nächste Flut
wieder einsatzbereit sind.
Emsiges und doch ruhiges Treiben
erfüllt den Hafen; auf den Lippen der Kapitäne
die Zufriedenheit und die Hoffnung,
die noch beständig ist.

Farbenfroh wie Leben

Farben, so hell und klar,

spiegeln die Reinheit des Lebens wider.

Leben in seiner schönsten Form,

die Kraft von Wasser und Sonne ausgewogen

balanciert – inhaliert – absorbiert.

Spielend gewachsen und sich entfaltet.

Selbst getan

oder einfach Glück gehabt?

Le Café Marly

Wenn ich Zeit hätte,
würde ich mir einen Platz zuweisen lassen.
Und wenn ich mehr Geld zur Verfügung
hätte, dann ließe ich mir auch die Karte
bringen.
Wenn ich dazu noch rauchte, so
würde ich mit jedem Zug an der Zigarette
den wunderbaren Ausblick auf den Louvre
inhalieren.
Ja, das würde ich tun.

Die Muschel

Wie ein Stillleben liegt sie am Strand in der

leichten Brandung der einsetzenden Flut.

Mit ihrem silberdurchtränkten Kleid zieht sie

die umherstreifenden Möwen an,

die neugierig auf sie zufliegen

und enttäuscht wieder über die Sandsteindünen

emporsteigen – vergebene Mühe

für einen leblosen Strandschmuck.

Müll

Neulich stand sie glänzend und gekühlt,

von feinen Wassertropfen übersät, in einem

großen Kühlregal. Doch ausgetrunken und geleert

war sie ihrer Schuldigkeit befreit

und als Dank für zuckerreiche Nahrung liegt sie

glanzlos nun im Sand.

Hätte sie das, wenn sie denn könnte,

jemals so für sich erträumt?

Nachtblick

Unten stehe ich und bewundere
die Bauwerkskunst mit dem Kopf im Nacken.
Die Dämmerung verlässt die blaue Zeit,
zieht hinter Türmen weiter.
Ein Farbenspiel von oft verkanntem Reiz,
ein Zauber, der einen still betört. Doch danach,
wenn sich der Blick dann senkt,
fasst die Hand den steifen Nacken.
Ach, welch Belohnung hab' ich nun dafür.

In der Stadt

Es scheint, als zeigen das Grau der Pflastersteine

und der verbleichende Asphalt ein allzu

grimmiges Gesicht. Und in der Tat, sie

verbergen Leben unter sich.

Doch an manchen Hausgeraden finden sich

vereinzelt grüne, lebende Oasen,

muntern auf und lassen tiefe Atmung zu.

Ein kurzer Blick, ein Innehalten,

ein ruhiges, sanftes Lächeln

und

im Herzen Zufriedenheit.

Metro

Seit zehn Minuten stehe ich und warte,
aber eigentlich ist es gar kein Warten.
Ich vertreibe mir einfach nur die Zeit;
sollen doch die anderen auf sie warten,
ich werde es nicht mehr tun.
Ich bin es leid, bei Neonlicht zu stehen
und Menschenhorden um mich zu sehen.
Nein, ab heute lass' ich alle auf mich warten,
und wenn ich will, so gehe ich hinab und
nimm' die Bahn, aber warten –
nein, das tue ich nicht.

Vorbei

Die letzten Gäste sind gegangen

und zurückgeblieben ist eine angenehme

Leere. Nur noch die Stühle stehen Kopf

und das Personal rastet und atmet tief durch,

bevor das Licht

erlischt und der nächste Morgen die Stille

vertreibt und Trubel beschert,

wie ein nicht enden wollendes Spiel.

Im Fluss

Alles fließt. Alles entspringt einem Ursprung,
der sich auftut und den Strom in
Bewegung versetzt.
Erst sprudelt er nur mäßig, bald
aber hat er eine gewaltige Kraft entfesselt,
die er meist selbst nicht mehr bändigen kann.
Doch auch diese Kraft wird irgendwann
versiegen, verstummen wird das Rauschen
und Zischen, bis ein leiser Tropfen nach
Echoschall ruft, sich alsbald verliert und den
Ursprung versiegelt, der einst
das Durststillen versprach.

Der Balkon

Nicht nur im Bühnentheater spielen sie eine
zentrale Rolle, die schweren steinernen
oder mit Gusseisen spielerisch aufgesetzt
wirkenden Geländer. Sie laden ein zum Emporsteigen,
sei es physischer oder gar rein phonischer Art –
mit weit in die Nacht hallenden Vokalgesängen. Davon
betroffen – so oder so – zielen die Gesänge darauf ab,
die in die laue Nacht Herausgetretene zu betören
und ein Herabfallen von sinnlichen Gefühlen
zu bewirken. „Ach, wäre sie doch nicht im oberen
Stockwerke!" „Ach, was bin ich froh."
Balkone der Liebe und der Qual, des Seins
und Nichtseins in immer wiederkehrender Weise.

Genussvoll

Jemand hat sie dort vergessen,

schön gewaschen und platziert;

wollte sich wohl ihrer Schönheit noch erfreuen,

bis er dann schmecken kann die Reife.

Und wahrlich, lange wird sie nicht mehr

liegen und der Sonne zeigen ihre Pracht.

Prompt wird sie dann auch schon ergriffen und

mit Genüsslichkeit verzehrt.

Zuhause

Zuhause bin ich nun geblieben,
weil ich es wollte oder musste. Gerne wäre ich
fortgefahren; doch jetzt, sitze ich hier und träume,
was ich momentan versäume. Meinen Geist schick'
ich fern dorthin und – wenn er mir erzählt,
was er gesehen, bin ich froh, dass ich hier
geblieben bin. Hab' all die Unrast mir erspart,
sitze gemütlich seit der Frühe,
kaum jemand nötigt mich zu gehen.
Seltsam, ich bin Zuhause und kann doch
Urlaub spüren.

Die Treppe

Unten stehe ich und schaue hinauf, während ich
die einzelnen Stufen zähle und die Höhendistanz
der geteilten Treppe gänzlich erschließe.
Ich raste und sehe die Touristen, wie sie fotobehangen
auf der Mitte stehen bleiben und sich an die Südmauer
der angrenzenden Hausfassade drücken, damit sie
bergab einen Schnappschuss mit nach Hause nehmen
können. Irgendwo klingelt ein Handy, ein junges
Mädchen kramt danach in ihrer Tasche und spricht
sodann ein freudiges „Hallo" hinein; ihre Freundin kann
sie gerade noch zur Seite stoßen, sodass sie nicht von
einem herabschießenden Downhillbiker auf den Lenker
gehebelt wird. Ich schließe die Augen,
drehe mich um und gehe unten herum.

Der Moment

Der letzten Abendröte seh' ich noch

entgegen, die gar sanft auf diesen Spiegel fällt.

Darauf steht es jetzt für mich bereit,

das verwaiste Boot, und möchte mich

gewinnen. Rudernd soll ich der Nacht

entgegenfahren, die Seele schicken auf das Meer –

nur damit ich mich daraufhin verliere in diesem

stillen, wunderbaren Moment.

Die Zitrone

Manche sagen, das Leben sei eine Zitrone,
die einen verbittert werden lässt.
Doch bei aller Säure vergisst man oft
die vielen Vitamine, die dem Leben Kraft
verleihen und dazu dienlich sind,
lächelnd durch die Welt zu gehen.

Ansichtssache

Wie durch ein Gitter schaue ich,
der Blick zerbricht an roten Stäben; was
dahinter liegt, kann ich nur erahnen.
Doch den Blickwinkel getauscht, sehe ich mich
niedersetzen; und den Rücken stark
beschützt von einer starken Wand, die mich hält
und trägt, den Blick preisgibt auf eine
undurchsiebte Welt.

Abendbrot

Das Warten hat sich gelohnt; nun stehen sie
hellbraun und duftend auf dem Tisch. Das Messer
liegt bereit und die Butter ist gereicht.
Worauf soll ich jetzt noch warten?
Auf den richtigen Augenblick, um nach der
Vorfreude die eigene Arbeit zu genießen
und die Ruhe des Abends zu spüren;
Scheibe für Scheibe.

Stahlkraft

Klein, sehr klein hat er mich neben sich

gestellt. Bewundernd schaue ich an ihm

hinauf und blicke auf Tonnen von Stahl,

die kunstvoll und symmetrisch verarbeitet sein

Erscheinungsbild bestimmen.

Welch Kraft und Mühen er wohl in sich birgt

und vielen gebeugten Rücken für alle Zeit

aufrecht in den Himmel weist?

Geschichte einer Mandel

Im Winter war von ihr noch nichts
zu sehen, im Frühjahr tat sie ihren ersten Schritt,
im Sommer sah ich sie mit den Blättern wehen
und im Herbst flog sie dann steil vom Baum.
Nun liegt sie da, halb aufgeschlagen, und sie ahnt,
dass sie den nächsten Winter nicht mehr sieht.
Nun tritt sie ihre große Reise an und niemand weiß,
wohin es geht; wenn da nicht der Bauer wär',
der kurz entschlossen nach ihr greift
und sie verzehrt.

Ohne Sinn

Es gibt Momente, in denen ich stark bin
und vor Energie strotze; aus vollen Reserven
kann ich schöpfen. Doch ohne Rast gehen sie
bald verloren, verirren sich oft ohne einen Nutzen.
Wie eine Tasse guter Kaffee,
den man gedankenlos, aus Gewohnheit oder so
hinunterspült und gar nicht merkt,
wie fein geröstet er denn war.

Verzahnt

Ich lebe nicht allein für mich. Ich bin –
und doch bin ich nicht allein. Ich kann mich
abschotten, aber für wie lange?
Manchmal will ich es nicht,
doch in der Lebenssumme ist es nicht
zu praktizieren.
Es ist gut, dass vieles ineinander greift, sich
verzahnt, Halt und Stütze gibt –
ein Lebensgeflecht.

Einsam

Getrennt von denen, die mich lieben,

liege ich am Boden und fühle mich

wie ein Blatt, das im Herbst

am Ast nicht mehr benötigt wird.

Ich könnte noch dort oben sein,

doch selber wollte ich hinunter.

Kann ein Blatt

die Einsamkeit besiegen?

Alternde Versessenheit

Er galt als Inbegriff von Fortschritt.

Stolz wurde er allen gezeigt,

keiner Roadshow blieb er fern.

Er dachte nicht, sein Status würde alles

Überdauer – nur sein Besitzer ahnt es noch nicht,

wie zerbrechlich solche Schätze

nun einmal sind.

Das Signal

Man kann es beachten oder auch nicht.
Man weiß nie genau, ob es einem
auch wirklich gilt.
Man steht und sollte gehen,
man geht und sollte stehen.
Ein Ruf, der jeden erreicht, aber niemanden
durchdringt. Ganz ehrlich,
viele wollen doch nicht alle sein.

Das Rad

Man dreht das Rad und meint damit
das Steuer, das einem Macht verleiht.
Ungern gibt man es aus seiner Hand,
schließlich will man selbst Kontrolle üben.
Nur sollte man gewahr sein,
nicht aus blinder Gier
unter die Räder zu kommen.

Unter der Brücke

Das einzige, was ihr noch blieb,

war der Platz, den ihr niemand mehr

streitig machen wollte.

Das Dach über ihrem Kopf kostete

keine Miete und die Natur blickte sie

nicht verachtend an.

Nur der Winter nahm ihr noch das,

was sie zuletzt besaß:

ein traumverhangenes Leben.

Verwaschen

Eigentlich ging ich trittfest am Strand
entlang und grub meine Zehen in den feinen,
roten Sand.
Die Flut umspielte meine Füße und das
sanfte Wasser schmeichelte dazu.
Doch kaum war ich wenige Schritte fort,
verschleierte es mich und schickte meine Schritte
in die Ignoranz der Vergangenheit,
so als wenn ich nie da gewesen wäre.
Welch traurige Präsenz.

Halbtot

Ich war halbtot. Viel hätte nicht mehr gefehlt.

Ich war morsch.

Beinahe wäre ich gebrochen. Meine Wurzeln

reichten nicht mehr zum Grund;

so wäre ich fast verhungert.

Doch ich hielt aus, es war schmerzhaft und lange,

aber es hat sich gelohnt.

Es gab Regen und

ich bekam die Chance zu trinken.

Zeit

Oft wünsche ich mir mehr von ihr, doch sie hat
selten Zeit. Oft lade ich sie ein, aber lange
kann sie nie bei mir bleiben.
Oft nehme ich mir vor, für sie da zu sein,
einen Tag lang oder wenigstens nur
für einen Abend.
Manchmal gelingt es, aber oftmals stiehlt
sie sich einfach davon. Lässt mich müde zurück
und sagt „Bis bald".
Aber eigentlich ist sie immer da,
ich merke es nur nicht.

Weitab

An manchen Orten scheint es, als zöge die Zeit
dort langsamer vorbei. Aber es ist nicht die Zeit,
die das Tempo macht, es ist die
Hektik, das Bezwingen immer neuer
Horizonte und der Drang, fortschrittlich nicht
rasten zu dürfen. Weitab gibt es eine Welt,
die andere Prioritäten setzt, deren
Lebensqualität ungeahnt ist
und die Zeit darauf verwendet,
sich auf Leben zu konzentrieren.

Stiller Tag

Es war anders als sonst. Die Vögel sangen nicht
und alles lag in tiefer Stille.
Die Sonne durchbrach den Schleier, aber licht
wurde es nicht. Niemand war zu sehen,
anscheinend wagte man sich nicht hinaus.
Kahl und mahnend sah die Natur mich an,
obwohl ich nichts verbrochen hatte.
Ich bin nur ein Mensch, wie viele auch.
Ich zerstöre nichts, aber die anderen
sind daran Schuld.
Ich bestimmt nicht ...

Verwaist

Die Spur benutzt heute niemand mehr.
Dieser Weg führt nirgendwo mehr hin.
Verwaist und ausgedient liegt er brach,
am Rande neuer Möglichkeiten.
Die Balken verwittern und
der Stahl liegt still – ein Monument,
wild verwachsen und versteckt.

Eisig schön

Sie war schön, einfach wunderschön.

Oft beobachtete ich sie aus der Ferne und

schaute in ihre Augen, die in die Weite

gerichtet waren.

Damals hätte ich mir gewünscht, sie hätte

mich so angesehen. Aber vergebens.

Sie verschmähte meine liebende Wärme

und blieb kalt in ihren Gefühlen.

Ob je ein Mann das Eis gebrochen und

erfahren hat, ob sich hinter dieser Schönheit

noch ein wenig mehr verbirgt?

Der Stuhl

Es wäre schön gewesen, aber es sollte wohl
nicht sein. An seiner liebsten Stelle hatte er
ihn platziert, doch der feine Blumenduft
erfreute nur den leeren Stuhl.
Aus heiterem Himmel klingelte
das Telefon, Arbeit sollte möglichst schnell
geleistet werden. Während der Fahrt trafen
zwei zusammen, die gar so in Eile waren
und einander übersahen.
Den Stuhl allerdings hat niemand mehr
benutzt, er stand noch Jahre dort inmitten Blumen,
die niemand mehr sah.

Auf der Straße

*Es war spät geworden. Eigentlich hätte man
schon längst nach einem Nachtquartier
suchen müssen, aber er wollte weiter.
Während des Gähnens kniff er seine Augen
zusammen und die Scheinwerfer der
entgegenkommenden Fahrzeuge blendeten
ihn empfindlich.
Und dann geschah es: In der Kurve stand
ein Reh direkt vor ihm und starrte ins Licht.
Im letzten Moment sprang es noch fort und er
kam mit einem blauen Auge davon,
aber er zog aus dem Geschehenen
keine Konsequenzen.
Wieso auch?*

Vernetzt

Eingesponnen in ein Netz, das man nicht
selbst webte. Ein Haus und ein Gefängnis
zugleich. Fäden, die man oft nicht sieht,
verleihen das Gefühl von grenzenloser Freiheit.
Doch die ist allzu endlich, wenn man
mehr will als einem zusteht.
Aufgehoben in einem schön gezierten,
stabilen Gebilde mit Nachbarschaft und
Hilfe, aber füge dich und trete nicht
daneben hinaus,
sonst verfängst du dich unliebsam
und wirst gnadenlos versponnen.

„Oft muss ich mit anderen Augen sehen,
um das sehen zu können, was mir ein Bild
erzählen will."

Alle Fotografien und deren Geschichten wurzeln
in den Eindrücken, fotografischen Reisen und
lyrischen Gedankenspielen von
Wolfgang M. Ullmann

Inhaltsverzeichnis:

Ein weiterer Titel von Wolfgang M. Ullmann:

Im Prinzip zufrieden
Auf dem Weg zu einem erfüllten Leben

Erschienen im Verlag Books on Demand GmbH, Norderstedt
ISBN 978-3-8448-1386-9

Über das Buch:
Im Prinzip zufrieden zu sein und das dauerhaft, entfaltet eine ungeahnte Lebensqualität. Das gilt gleichermaßen für Beruf und Privatleben. An der persönlichen Zufriedenheit kann man arbeiten und es ist möglich, sie auch wirklich dauerhaft zu erreichen. Der Autor zeigt in diesem Buch anhand einer virtuellen Reise auf, welche Schritte bis zum gewünschten Ziel gegangen werden können. Die Freude an der persönlichen Entdeckung der eigenen Person steht hierbei im Vordergrund und im Fokus des Interesses. Zufriedenheit enthält die Fähigkeit, die eigene Person anzunehmen, sich und sein Umfeld zu akzeptieren und dauerhaft ein sinnerfülltes und für sich selbst attraktives Leben zu führen.